AF585970

LE MANIEMENT

DE

LA BAYONNETTE,

APPLIQUÉ A L'ATTAQUE ET A LA DEFENSE DE L'INFANTERIE INDIVIDUELLEMENT ET EN MASSE.

Par le Capitaine *Alexandre Muller*,

Auteur de l'*Escrime à Cheval*, du *Maniement de la Lance*, Et de la *Tactique des Légions*, etc., etc.

La Balle est folle ;
La Bayonnette est sage.
SOUWAROFF.

DEUXIÈME ÉDITION,

ORNÉE DE 53 FIGURES.

PARIS,

A LA LIBRAIRIE MILITAIRE, CHEZ ANCELIN, RUE DAUPHINE.

1835.

MULLER.

COLONNE D'ATTAQUE ET DE RÉSISTANCE CONTRE LANCIERS.

Lith. de Chenu et Castille.

COLONNE DOUBLE CONTRE LES CHARGES DE CAVALERIE.

je déclare que le présent
Exempl. est conforme à
la Loi sur l'ouvrage
Millet
auteur.

MANIEMENT DE LA BAÏONNETTE, PAR LE CAP.^NE MULLER.

Je déclare que le présent Exemplaire est conforme au tirage.

Müller

Mutzond

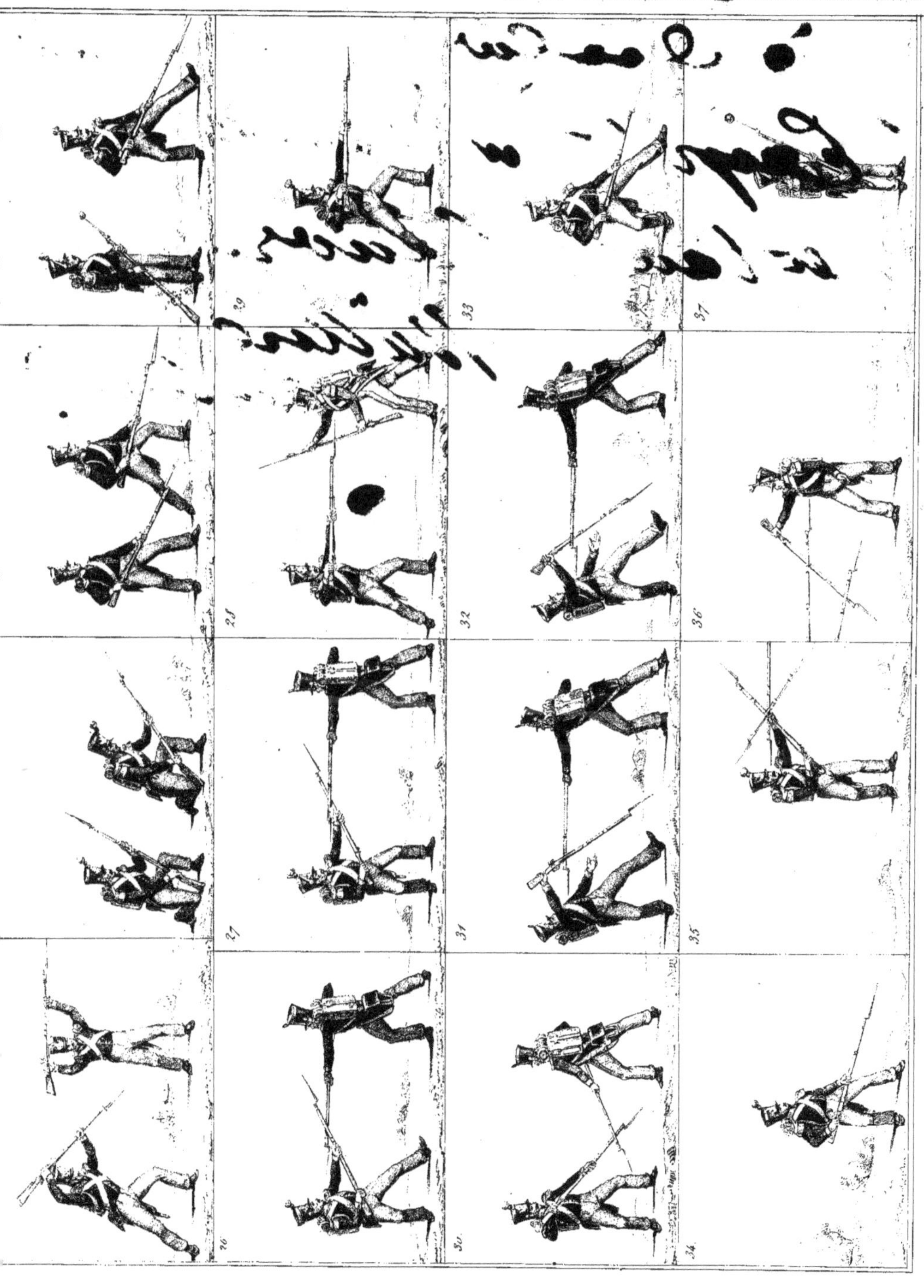

je déclare que le présent
Exemplaire est conforme
en tout à l'ouvrage

[illegible]
auteur.

INTRODUCTION.

Les arts éprouvent des révolutions comme les empires ; ils passent successivement de l'enfance à l'âge mûr, de la faiblesse à la force, et retournent peu à peu au point d'où ils étaient partis.

Le maniement de l'arme blanche ou l'escrime, qui fesait la force des armées anciennes, n'existe chez nous que de nom.

On ne dira pas que l'invention de la poudre a rendu cet art inutile ; car les combats d'aujourd'hui comme ceux des anciens se terminent presque toujours à l'arme blanche ; c'est l'arme du courage, c'est l'arme principale du soldat français.

Dès qu'on a cherché à réduire l'art militaire en principe, à faire une théorie militaire, on a dû considérer : 1° les moyens ou les matériaux qu'il emploie ; 2° la méthode ou l'emploi qu'il fait de ses moyens ; 3° la fin.

Les moyens purement matériels mis en œuvre par l'artillerie et le génie, sont l'objet d'arts spéciaux qui ont suivi les progrès des sciences physiques et mathématiques sur lesquelles ils s'appuient, et qui ont fait avec elles des pas immenses.

L'élément vivant et véritable, l'homme a été à peine étudié comme moyen de guerre ; considéré par masse, il a été l'objet des sciences stratégiques, qui s'est agrandi sous la plume du savant auteur de la théorie des lignes d'opération. Mais ces masses, que l'on suppose toujours organisées et capables, comment sont-elles ?

Uniquement par l'usage que les individus font de leurs armes, et sur ce point, l'on est depuis longtemps absolument stationnaire.

On commande bien aux fantassins de croiser la bayonnette, mais on ne leur dit pas ce qu'ils doivent en faire après l'avoir croisée.

On dirait que l'ordonnance de l'infanterie (ce qu'on appelle vulgairement théorie), a posé les limites de l'art qu'il est permis au fantassin d'atteindre dans le maniement de son arme.

Par une singulière erreur, au lieu d'appuyer la force sur la force collective, et l'adresse des individus, tous les tacticiens depuis le Prince DE NASSAU l'ont appuyée uniquement sur leur nombre et leur inertie ; tactique mensongère, inepte et barbare, pompeusement décorée d'une foule de noms fantastiques, tels que choc, impulsion, force continue, impression des rangs, conduration, densité, cohésion, adhérance, contact physique, et tant d'autres qui nous rappellent les guerres à chair humaine des siècles d'ignorance et de barbarie.....!

Il est inconcevable que les modernes aient adopté l'ordre de bataille des Romains, nos devanciers, nos maîtres dans l'art de la guerre, et par une bisarrerie choquante ils aient abandonné les travaux de Mars.

Que l'homme soit armé d'un bâton, d'une pierre, il devient encore urgent de lui enseigner le moyen de lancer une pierre, et de se servir de son bâton ; il serait donc déraisonnable de ne point enseigner le maniement de la bayonnette, et nul doute que cette négligence a arrêté le progrès de l'armement : il serait facile de prouver que l'arme du fantassin serait susceptible d'un grand perfectionnement, et que notre cavalerie est désarmée.

Ainsi, après avoir introduit dans la cavalerie une théorie sur l'art de combattre à cheval, quoique inexécutable avec les armes actuelles du cavalier, je m'empresse de publier une théorie d'escrime pour la bayonnette, capable de soutenir le brillant courage de notre infanterie, l'arme principale des armées modernes, parce qu'elle est moins dispendieuse, elle s'organise avec rapidité, et n'est jamais assiégée par de pressants besoins d'armes adhérantes ; elle peut combattre seule et se porter partout où d'autres armes sont obligées de rester en arrière ; elle est toujours prête à agir le jour comme la nuit, et dans une alerte elle est la première au combat.

Chez les anciens, l'arme blanche faisait la force des armées : l'art de s'en servir dût y être une des branches les plus importantes de l'art de la guerre. Aussi voyons-nous l'escrime entrer comme élémens nécessaires dans l'éducation des Grecs et des Romains. Chez ces peuples belliqueux, les préjugés eux-mêmes obéissaient au désir de perfectionner un art qui donna toujours à ceux qui le cultivèrent, gloire et puissance. Avaient-ils remarqué dans les mains de leurs ennemis une arme nouvelle, ou une nouvelle manière de se servir d'une arme ancienne, et surtout en avaient-ils éprouvé à leurs dépens la supériorité, ils s'empressaient de l'adopter. C'est ainsi que les Romains tenaient des Samnites presque toutes leurs armes et leurs javelots : un fol orgueil ne les empêchait pas d'imiter les usages étrangers, lorsqu'ils étaient sages *. Les Gaulois, au contraire, pour s'être long-temps obstinés à ne pas changer leur manière de combattre, furent aisément vaincus et subjugués par les Romains. Que pouvaient contre les soldats de César des hommes presque nus, et armés seulement d'une petite hache de charpentier et d'un couteau? Plus tard, au temps du moyen âge, on donna dans l'excès contraire; on ne vit plus dans nos contrées que chevaliers, écuyers et varlets bardés de fer ainsi que leurs chevaux, et plutôt empêchés que protégés par leurs armes; enfin dans le quatorzième siècle, l'emploi de la poudre à canon fit une révolution dans l'art de la guerre **. Auparavant, c'étaient la force du corps, l'agilité, une espèce de fureur sanguinaire, un acharnement d'homme à homme, qui décidaient de la victoire, et par conséquent, du destin des États. Depuis, la guerre ne fut plus un art, mais une science; et les armes du chevalier, qui furent long-temps encore sa parure (*decus*), cessèrent d'être sa sauve-garde (*præsidium*). Ces changemens firent tomber dans un autre excès; on négligea le maniement de l'arme blanche, et l'art de l'escrime ne fut plus, suivant l'expression de Montesquieu, que l'art des querelleurs et des poltrons.

Jusqu'à l'époque de Gustave-Adolphe, le plus grand capitaine de son temps, le mousquet n'était encore qu'une arme de jet imparfaite, dont la charge, suivant le règlement de Walhausen, consistait en quatre-vingt-onze temps. Dans la relation d'une bataille livrée sur les bords du Kinsig, en 1635, et qui dura depuis midi jusqu'au soir, on remarque ce passage : « *L'acharnement des combattans était si grand, que le fantassin le moins habile avait déchargé sept fois son mousquet* ».

Enfin Gustave-Adolphe supprima la fourchette; il inventa les cartouches et la baguette, et fit du mousquet une arme de choc et de résistance contre la cavalerie polonaise, en y adaptant l'épieu qui fut remplacé par la bayonnette, inventée à Bayonne en 1641, et dont on commença à se servir dans les guerres des Pays-Bas, en 1648; mais il fallait la démonter pour l'exécution du tir ***.

Les Français ont perfectionné la bayonnette; ils ont remplacé la platine à roue, et c'est ainsi que le fusil est devenu arme de jet et arme de main, pour remplacer la pique déjà abolie en Italie par Catinat, en 1690, et dans toute l'armée française en 1703, sur les instances de Vauban.

Depuis Gustave-Adolphe et Frédéric-le-Grand, l'art de la guerre éprouva une nouvelle révolution, amenée tant par l'expérience que par le génie de ces grands hommes et de ceux qui ont marché sur leurs traces. On sentit que la force principale des armées consistait dans l'infanterie, et dans cette précision de mouvemens qui en fait un corps compact. Les Grecs s'étaient peu servis de cavalerie; c'est avec la phalange macédonienne qu'Alexandre avait gagné les batailles qui lui assujettirent la Perse : c'est l'infanterie qui subjugua la plus grande partie du monde. César, à la bataille de Pharsale, n'avait que mille hommes de cavalerie. On reconnut, dès la fin du dernier siècle, que ce qui était vrai du temps d'Alexandre et de César, l'était encore aujourd'hui. L'attention des stratégistes se porta ensuite sur le perfectionnement des armes à feu, sur l'emploi de l'artillerie, et sur la fabrication des poudres, sur lesquels le progrès des sciences jetait de nouvelles lumières; mais l'arme blanche et l'art de s'en servir continuèrent à être négligés.

Frappé des avantages qui résulteraient d'un système où la force et l'adresse individuelles du soldat concourraient avec son courage aux succès des opérations conçues par le génie, j'ai dû m'occuper, d'abord, du perfectionnement dont me paraissait susceptible le maniement de l'arme de la cavalerie, à laquelle j'appartiens. Le *Traité de l'Escrime à cheval*, que j'ai publié en 1816, fut le résultat de mon expérience et de mes

* Sullus. Bell. Catill.

** D'après les manuscrits Arabes déposés à l'Escurial près Madrid, la poudre à canon a été inventée par les Chinois. Les Arabes s'enrichirent de cette découverte, et ils firent usage de la poudre et du canon au Siége de la Marque, en l'an 691 de l'ère chrétienne.

La première arme à feu, appelée *tuyau de main*, fut inventée en Souabe par un moine nommé Albrecht de Bonstedt, à la fin du quatorzième siècle; le pistolet existait déjà; il fut inventé à Pistoja en Italie, en 1364.

*** Le fusil monté de la bayonnette, présente un instrument informe, et si le fantassin ne peut atteindre la perfection du tir, il faut en accuser ce crochet placé au bout du canon, qui distrait l'œil, et fait perdre l'équilibre de position.

Il serait préférable de placer la bayonnette sous le canon, dans le sens de l'axe, et de la dérober ainsi à l'œil du fantassin. C'est ainsi que cet instrument deviendrait un levier, dont le fantassin se servirait avec plus de précision, pour l'escrime à la bayonnette.

Je voudrais encore que la bayonnette à côtes fût supprimée et remplacée par une bayonnette ronde; le tranchant du sabre s'arrête toujours sur les côtes, et coupe la bayonnette en deux, tandis que sur la bayonnette ronde, le sabre doit toujours glisser.

observations ; l'application qu'on en a faite à la cavalerie semble avoir mis son utilité hors de discussion. Mon attention s'est depuis portée sur les armes du fantassin, sur leur maniement, et particulièrement sur celui de la bayonnette, puisque le tir est un objet secondaire pour notre infanterie, douée d'une fougue et d'une impétuosité presque incompatibles avec la patience et l'immobilité qu'exige l'usage de l'arme à feu : observation qui doit faire sentir davantage la nécessité d'introduire dans l'emploi de la bayonnette tous les perfectionnemens qui seuls peuvent lui assurer sa supériorité sur l'infanterie européenne.

L'abréviateur de Folard, dans sa relation sur la bataille de Spire, s'exprime ainsi, livre 1er., chap. 6 :

« La victoire demeura toute entière aux Français, et fut due principalement à la surprise de l'ennemi « qui ne s'attendait à rien moins qu'à nous voir à Spire, et à ce que le maréchal de Tallard, connaissant, « comme il faisait, le caractère de la nation qui sympathisait avec le sien, fit charger partout la bayonnette « au bout du fusil, sans s'amuser à faire feu ; maxime que les Français ne doivent jamais oublier, qui fait « la principale force de la nation, et tout ce que nous avons de plus redoutable à opposer à nos ennemis. « C'est à cette maxime que nous devons toutes nos victoires du siècle passé, et à la maxime contraire (la « mousqueterie) que l'on doit attribuer nos défaites.

« Je ne puis m'empêcher, dit M. Guibert, de remarquer ici combien le fusil, armé de sa bayonnette, « me semble une arme supérieure à toutes celles des anciens. On pourrait surtout tirer un plus grand parti « de la bayonnette. Il y aurait une sorte d'escrime à apprendre, afin de se servir de cette arme pour la « croiser, pour empêcher de gagner le fort, etc., etc. »

Un grenadier français disait naguère : je n'ai plus de munitions, mais ma bayonnette me reste.

Je n'ignore pas qu'il faut occuper le soldat ; mais on peut l'appliquer à plusieurs objets très-utiles, mais très-négligés, tels que : la marche étant chargé, la course, l'art de nager, l'escrime, soit avec l'épée, soit avec le fusil armé de la bayonnette (art qui le rendrait audacieux à joindre l'ennemi). « La manœuvre est une grande partie de l'art de la guerre, mais ce n'est pas tout. » *Voyez M. de Kéralio.*

« L'arme de main, dit le général Loyd, est inutile à une certaine distance; mais elle devient indispensable « quand les armées s'abordent. L'arme à feu est utile dans les pays couverts, l'arme blanche, dans les « plaines ; les effets de la première sont précaires et incertains, ceux de l'autre sont complets et décisifs. « L'arme à feu est la ressource du faible qui craint de se compromettre; l'arme blanche est l'arme du brave « qui a le sentiment de ses forces. » (*Mémoire militaire et politique.*)

M. Bouvier, chef de bataillon au 5me de Ligne, rapporte : qu'à l'affaire de Senguesa (Espagne) il a vu un combat à la bayonnette de deux fantassins du 10me de Ligne, contre 25 cavaliers espagnols; ces fantassins, après avoir fait beaucoup de mal à l'ennemi, ont rejoint leur régiment sans avoir reçu une égratignure ; le corps était commandé par le général l'Abbé.

A la bataille de Polotzk, l'illustre Maréchal Gouvion-St-Cyr, qui savait si bien apprécier le mérite des hommes, donna l'épaulette et la décoration à un fantasssin, qui en sa présence, s'était défendu avec sa bayonnette contre onze grenadiers russes dont il coucha huit par terre.

Certes, il n'y a point d'homme de sens qui ne fût frappé de ces observations judicieuses et de tant d'autres trop nombreuses pour être rapportées.

Si l'expérience a fourni des méthodes et des théories pour le maniement de l'épée, du sabre et de la lance, pourquoi ne voudrait-on pas enseigner le maniement de la bayonnette par théorie? Nous avons des méthodes pour l'enseignement du fleuret qui ne peut servir que pour vider des querelles particulières ; pourquoi ne voudrions-nous pas adopter une méthode d'escrime pour la bayonnette, qui sert à la défense de la patrie, et qui, comme les historiens et notre propre expérience le confirment, est le point inexpugnable de l'infanterie française ?

Nos exercices militaires sont incomplets ; ils ne répondent pas suffisamment à l'éducation civile du soldat français : pour qu'ils s'exécutent, il n'est besoin que d'une obéissance aveugle et passive. Avec ce genre d'instruction purement machinal, il ne nous reste, pour former de vrais soldats, qu'une longue pratique, moyen funeste dont l'avantage est cruellement compensé par la ruine presque totale de générations entières.

J'ai pensé qu'il était de la plus grande utilité de joindre à des exercices purement physiques, dans lesquels on dit, pour toute démonstration, au soldat : *Fais*, une éducation morale qui lui apprît, dans un cours d'instructions comparatives, pourquoi il agit.

Le but du Maniement de la bayonnette est d'apprendre au fantassin à écarter avec adresse la bayonnette opposée, et à lui donner la presque certitude d'aborder et de frapper l'ennemi sans être atteint lui-même ; de lui apprendre à parer avec la bayonnette tous les coups de lance et de sabre de la cavalerie ; à faire de son arme un rempart que le cheval ne puisse renverser ni franchir ; de montrer aux lignes comment elles pourront arrêter la cavalerie, et n'être jamais forcées à reculer devant elle ; enfin de donner aux masses, colonnes ou carrés, une attitude redoutable, propre à jeter l'épouvante parmi les assaillans, et les faire reculer devant un appareil de mort et de destruction.

J'ai vu dans le fantassin un bipède incapable de tenir la cavalerie éloignée avec sa bayonnette; j'ai vu de même que la contenance de l'homme et la densité des rangs n'étaient que des choses problématiques, puisque la résistance n'équivaut jamais à l'impulsion d'une cavalerie chargeant au galop. C'est une conséquence des lois de la dynamique dont les auteurs modernes n'ont jamais déduit les effets.

Pour arrêter le choc de la cavalerie, et la frayeur qu'il inspire, il faut imiter les grands capitaines, et rendre la retraite de l'infanterie impossible, en plaçant le fantassin à *genoux* derrière un retranchement hérissé de bayonnettes, et rendre son attitude tellement redoutable, que la meilleure cavalerie du monde se gardera d'approcher. C'est ainsi que la question, à l'égard des deux armes, est décidée.

Telles sont les considérations que j'avais présentes à l'esprit, lorsque j'ai entrepris l'ouvrage que je publie. Elles m'ont conduit aux observations suivantes, par une voie analogue à celle que j'ai suivie dans mon ***Traité de l'Escrime à cheval.***

J'ai vu dans le fantassin un instrument de guerre, et il m'a semblé qu'il n'avait encore été étudié que superficiellement sous ce point de vue; en effet, la plupart des stratégistes en ont parlé comme d'un instrument purement machinal et passif, tandis qu'il est un instrument vivant et actif, ayant en lui-même son principe d'action, d'intelligence, qu'il s'agit seulement de mettre en jeu et d'appliquer au parti qu'on veut en tirer; or, s'il n'est pas vrai que le fantassin soit une machine, ni seulement une machine vivante, il ne doit pas être monté comme un ressort, ou poussé comme un animal, mais formé par une éducation militaire qui, en lui laissant toute la dignité qui convient à l'homme, lui laisse aussi tout son courage et sa bravoure, placés sous l'égide de l'adresse.

D'après ces observations, je me suis proposé de donner au fantassin des moyens raisonnés d'attaque et de défense, en lui faisant faire de son arme l'usage le plus avantageux dans les diverses circonstances où il se trouve placé sur le champ de bataille; en un mot, je me suis efforcé de résoudre, pour la bayonnette, cette question générale de l'art militaire :

« Quels sont les moyens de nuire à l'ennemi, en risquant le moins possible ? »

Ma Méthode, ou ***Traité du Maniement de la bayonnette,*** * est en harmonie avec la construction de nos fusils, à laquelle je ne propose, pour le moment, de faire aucun changement: elle est également appropriée à notre manière actuelle de combattre, et conforme à l'ordonnance.

Enfin, quels que soient le nombre et l'ordre d'une troupe, quels que soient le temps et les lieux, les exercices que je propose sont d'une exécution facile : ils conviennent à l'ordre mince et à l'ordre profond : on peut faire agir depuis un rang jusqu'à six rangs à la fois; en un mot, je crois avoir prévu toutes les circonstances, tous les cas que peuvent amener les chances de la guerre, sous le point de vue spécial que j'ai voulu traiter.

Je n'ai eu d'autre but en publiant cet ouvrage, que d'être utile à l'armée, que de soutenir le courage de mes frères d'armes, et si je suis assez heureux pour qu'il répande une étincelle de lumière, mon zèle et ma constance seront suffisamment récompensés.

* *Origine de la Théorie d'Escrime pour la bayonnette. Rectification d'une erreur.*

M. le Colonel Guingret a dit dans le *Spéculateur militaire* du 15 *Avril* 1835 : C'est aux Allemands que l'on doit cette Méthode. Il est vrai que M. Selmnitz, Capitaine Saxon, a publié une Théorie pour la bayonnette en 1825. Voici le fait : j'ai composé, rédigé et dessiné mon manuscrit en présence d'un grand nombre de spectateurs, sur la terrasse du Traiteur Lemerlle, passage Montesquieu, à Paris. En 1816, après avoir été examiné par l'illustre Maréchal Gouvion-St-Cyr, il fut envoyé à l'Etat-Major général de la Garde Royale, où il a été examiné et approuvé par MM. le Maréchal de Bourmont, Bordesoult, Lauriston, Dijon Lieutenant Général, Dijon Maréchal de Camp. Au surplus les lettres ci-jointes sont suffisantes pour me laisser la priorité :

Monsieur, *Paris, ce* 14 *Septembre* 1819.

M. le Major général de service, me charge d'avoir l'honneur de vous informer, que d'après ses ordres, M. Muller, Capitaine de cavalerie, se rendra près de vous, à l'effet de vous exposer une nouvelle Méthode pour le maniement du sabre et de la bayonnette; M. le Maréchal attend de vous, sur cette matière, un rapport, qui, conjointement avec ceux de MM. les Lieutenants-Généraux de la Garde, serviront à baser celui qu'il doit adresser au Ministre de la Guerre. *Signé*, Comte de COETLOSQUET. — A M. le Comte de Bourmont, Lieutenant-Général.

« Monsieur, 1er *Avril* 1823.

» J'ai reçu les observations que vous m'avez fait l'honneur de m'adresser sur l'utilité d'une Méthode d'Escrime pour la » bayonnette.

» Je vous remercie infiniment de l'envoi de cet écrit, que j'ai lu avec un véritable intérêt, et je ne puis que vous inviter à » terminer la Théorie d'escrime que vous vous proposez de publier pour cette arme, afin qu'elle puisse être incessamment » soumise à la pratique. » *Signé*, le Ministre de la guerre, duc de BELLUNE.

MANIEMENT DE LA BAYONNETTE.

HABILLEMENT ET ÉQUIPEMENT DU FANTASSIN

PENDANT LES LEÇONS ET L'ASSAUT. — (*Fig.* 1).

A l'école du bâton, comme à celle de la bayonnette, le fantassin sera en petite tenue : lorsqu'il aura acquis une certaine adresse, on lui donnera le briquet, la giberne, et ensuite le sac, dont on augmentera successivement le poids avec du sable, jusqu'à concurrence de quarante livres.

Pour l'école du bâton, le fantassin devra être armé d'un bâton à hauteur de l'épaule.

Pour l'école de la bayonnette, le fantassin devra être armé d'un fusil de bois, modelé sur un fusil de munition, et surmonté d'une bayonnette en fer, dont la pointe sera terminée par une pomme en bois.

Maîtres et élèves auront des gants de buffle, casque de pompier et une camisole en toile rembourée, auxquels on joindra deux cuissards attachés aux genoux.

Il est nécessaire d'avoir, dans chaque compagnie, deux maîtres bâtonistes, et deux instructeurs pour l'enseignement du maniement de la bayonnette ; on pourrait employer utilement les maîtres d'escrime et les prévôts déjà existans dans les régimens, à l'effet de former une école.

MANIEMENT DU BATON.

Cet exercice est une escrime à deux mains, qui a pour but de fortifier et d'assouplir les membres du soldat, d'appliquer son intelligence à des mouvemens qui exigent plus d'adresse encore que de force, et de le préparer au maniement de la bayonnette.

On se procurera facilement des maîtres bâtonistes dans les provinces méridionales de la France, où le jeu du bâton est plus particulièrement pratiqué.

Cet exercice n'ayant trait à l'enseignement dont nous nous occupons que comme moyen secondaire et préparatoire, et n'ayant point un rapport direct avec le maniement de la bayonnette, nous n'entrerons point ici dans les détails des mouvemens qu'il faudra faire exécuter aux élèves; le maître bâtoniste pourra varier ces mouvemens à son gré ; nous devons nous en rapporter, à cet égard, à son zèle et à son savoir-faire, qu'il sera sans doute jaloux de faire remarquer. Quelle que soit la méthode qu'il adopte, elle atteindra le but que nous nous proposons, si elle donne aux forces physiques du soldat tout le développement dont elles sont susceptibles. L'émulation, dans un exercice où l'amour-propre sera nécessairement engagé, garantit suffisamment le succès des maîtres et des élèves.

A l'ouverture de la leçon, l'instructeur et l'élève seront chacun armés d'un fusil de munition sans bayonnette. Le peloton de seize hommes sera placé sur un rang, et compté de la droite vers la gauche par quatre. Après avoir présenté les armes, l'élève apprendra à monter et à démonter la bayonnette avec promptitude et précision; il exécutera les *à gauche*, les *à droite* et les *demi-tour*, puis *la charge en dix temps*, conformément à l'ordonnance.

Après ce préliminaire, le maître et l'élève échangeront leur fusil de munition contre le fusil de bois, puis se remettront à leur place pour continuer la leçon.

La bayonnette, comme le fleuret, est susceptible de deux parades, savoir :

1°. La parade en tierce ;

2°. La parade en quarte.

On appelle *tierce*, dans cette théorie, toutes les positions dans lesquelles la pointe de la bayonnette du fantassin est dirigée sur le téton droit de son adversaire, et dans lesquelles l'arme de l'adversaire se trouve sur la gauche du fantassin.

On appelle *quarte*, toutes les positions dans lesquelles la pointe de la bayonnette du fantassin est dirigée sur le téton gauche de son adversaire, et dans lesquelles l'arme de l'adversaire se trouve sur la droite du fantassin.

La pesanteur du fusil nous paraît devoir exclure les feintes et les ruses de la pointe et de l'espadon.

A l'arme blanche, on appelle *offensive*, tout mouvement par lequel le fantassin attaque son adversaire: l'offensive exige *vigueur* et *vivacité*.

On appelle *défensive*, tout mouvement par lequel le fantassin s'efforce d'éviter les coups qui lui sont portés : la défensive exige *adresse* et *sang-froid*.

Temps. — On désigne par le mot temps, le moment que l'on sait choisir pour fondre sur l'adversaire.

L'action de fondre est désignée sous le nom de *mouvement*.

EXERCICES

POUR LE MANIEMENT DE LA BAYONNETTE.

Bayonnette au canon. — Un temps et deux mouvemens.

ART. 1er — 1°. Comme le premier mouvement de *remettez la bayonnette*.

2°. Comme le second mouvement de *remettez la bayonnette*, excepté que la main droite saisira la douille de la bayonnette, comme il a été prescrit à l'inspection des armes, pour l'arracher du fourreau et la porter brusquement au bout du canon; laisser la main droite à la branche de la bayonnette.

Croiser la bayonnette. — Un temps et deux mouvemens.

ART. 2. — (*Fig.* 2.) 1°. Comme le premier mouvement du premier temps de la charge, empoigner l'arme à deux pouces au-dessous du chien.

2°. Abattre l'arme avec la main droite, dans la main gauche, qui la saisira un peu en avant de la première capucine, le canon en dessus, le coude gauche près du corps, la main droite appuyée sur la hanche droite, la pointe de la bayonnette à hauteur de l'œil. Les hommes des second et troisième rangs, auront l'attention que la pointe de leur bayonnette ne touche pas l'homme qui est devant eux.

Nota. La manière de croiser la bayonnette indiquée par l'ordonnance, a été déterminée par la colonne d'attaque et de résistance contre la cavalerie. Le bon sens indique que dans une charge contre l'infanterie, la bayonnette doit être croisée horizontalement et la pointe dirigée sur le nombril de l'adversaire. Au moment du combat, la bayonnette doit raser la terre, afin de pouvoir relever l'arme du fantassin. — (*Fig.* 22, 23, 25, 33, 34.)

ENGAGEMENT DES BAYONNETTES EN TIERCE.

1. *Garde à vous.* — 2. *A la bayonnette en tierce, parez.*

Un temps et deux mouvemens.

Art. 3. — (*Fig.* 3.) 1°. Le haut du corps bien posé sur les hanches, sans roideur, la tête élevée; l'élève engage la bayonnette par un appel du pied gauche, et en tierce.

2°. Au commandement *parez*, il jettera légèrement la bayonnette de l'adversaire à droite, sans quitter le fer, et revenant à la position.

ENGAGEMENT DES BAYONNETTES EN QUARTE.

1. *Garde à vous.* — 2. *A la bayonnette en quarte, parez.*

Un temps et deux mouvemens.

Art. 4. — (*Fig.* 4.) 1°. Quitter le fer, passer en dessous, engager la bayonnette en quarte par un appel du pied gauche.

2°. Au commandement *parez*, écarter la bayonnette à gauche, sans quitter le fer, et revenir à la position.

Ensuite, on passe alternativement en tierce et en quarte, l'élève passant toujours son arme par-dessous celle de son adversaire.

ENGAGEMENT DES CANONS EN TIERCE.

1. *Garde à vous.* — 2. *Le canon en tierce, parez.*

Un temps et deux mouvemens.

Art. 5. — (*Fig.* 5.) 1° Quitter la bayonnette, repasser en dessous, avancer un pas par un appel du pied, engager le canon en tierce, à la brassadelle.

2°. Au commandement *parez*, sans quitter l'arme, écartez-la à droite, et revenez à la position.

ENGAGEMENT DES CANONS EN QUARTE.

1. *Garde à vous.* — 2. *Le canon en quarte, parez.*

Un temps et deux mouvemens.

Art. 6. — (*Fig.* 6.) 1°. Repasser par dessous le canon avec vitesse, l'engager en quarte à la brassadelle par un appel du pied.

2°. Au commandement *parez*, écarter l'arme de l'adversaire à gauche, sans la quitter, et revenir à la position, reculer un pas, par un appel du pied, *porter l'arme.*

OBSERVATIONS.

Avant d'approcher son adversaire, il faut s'assurer de son arme; pour s'en assurer, il faut toucher le fer. Le moyen de le toucher régulièrement est indiqué par les parades de tierce et de quarte.

Ces deux parades, considérées comme le commencement de toutes actions offensives ou défensives, doivent être pratiquées long-temps avant d'entrer plus avant dans cette théorie.

Le maître fera donc marcher son élève sur le terrain en avant et en arrière, à gauche et à droite et en cercle, et toujours par des engagemens et des dégagemens, accompagnés d'appels du pied. Cet exercice est indispensable pour fortifier les jambes et surtout *le bras gauche.*

L'homme, depuis son enfance, est habitué à manier les objets de la main droite, et cette habitude laisse au bras gauche une maladresse difficile à vaincre; cependant dans cette escrime, et d'après la manière de croiser la bayonnette, indiquée par l'ordonnance, le bras gauche joue un rôle principal en ce qu'il dirige toutes les parades offensives et défensives, tandis que la main droite ne fait autre chose que soutenir le poids de l'arme, et donner l'impulsion aux coups ajustés par la main gauche.

Jusqu'à ce jour, le fantassin armé de la bayonnette a été considéré comme un pieu. Pour me conformer à l'ordonnance, et dans la crainte d'être désapprouvé, je ne prescrirai pas aux élèves de saisir la crosse de la main gauche et de diriger le coup de la main droite; je laisse à l'expérience à faire ce dernier pas : c'est assez pour moi de donner l'impulsion; le temps et l'intelligence française feront le reste.

ABATTRE LA BAYONNETTE.

1. *Garde à vous.* — 2. *Abattez la bayonnette et ripostez.*

Un temps et quatre mouvemens.

Art. 7. — (*Fig.* 7.) 1° Croiser la bayonnette.

2°. Avancer d'un pas, et engager l'arme en tierce.

3°. Au commandement *abattez et ripostez*, écartez légèrement la bayonnette à droite, avancez le pied droit, passez rapidement dessous l'arme de l'adversaire, prenez-la à la deuxième capucine, en quarte, abattez l'arme, avancez le pied gauche, portez un coup de pointe dans la poitrine de l'adversaire, sautez en arrière dans la position de bayonnette croisée, et faites deux appels.

4°. Porter l'arme.

RELEVER LA BAYONNETTE.

1. *Garde à vous.* — 2. *Relevez la bayonnette et ripostez.*

Un temps et quatre mouvemens.

Art. 8. — (*Fig.* 8.) 1°. Croiser la bayonnette.

2°. Parade en tierce.
3°. Au commandement *relevez et ripostez*, avancer le pied droit, prendre l'arme de l'adversaire en dessous, à la deuxième capucine; se relever avec vivacité, avancer le pied gauche, pointer, sauter en arrière dans la position de la bayonnette croisée, et faire deux appels de pied.
4°. Porter l'arme.

ÉCARTER LA BAYONNETTE A DROITE ET RIPOSTER.

1. *Garde à vous.* — 2. *Ecartez la bayonnette à droite et ripostez.*

Un temps et quatre mouvemens.

ART. 9. — (*Fig.* 9.) 1°. Croiser la bayonnette.
2°. Parade en tierce.
3°. Au commandement *parez et ripostez*, sauter en avant et redresser l'arme dans une position perpendiculaire, quitter la ligne, jeter l'arme de l'adversaire à droite, et riposter d'un coup de bayonnette, sauter en arrière et faire deux appels.
4°. Porter l'arme.

ÉCARTER LA BAYONNETTE A GAUCHE ET RIPOSTER.

1. *Garde à vous.* — 2. *Écartez la bayonnette à gauche et ripostez.*

Un temps et quatre mouvemens.

ART. 10. — (*Fig.* 10.) 1°. Croiser la bayonnette.
2°. Parade en quarte.
3°. Au commandement *parez et ripostez*, sauter en avant et redresser l'arme dans une position perpendiculaire; quitter la ligne, et jeter l'arme de l'adversaire à gauche, riposter d'un coup de pointe, sauter en arrière et faire deux appels.
4°. Porter l'arme.

NOTA. Après avoir enseigné aux élèves, les tierces, quartes et parades, le maître placera sur deux lignes, face à face, douze contre douze fantassins, il fera compter par quatre, et sortir des rangs les nombres pairs, après avoir marché quatre pas, ils feront demi-tour pour croiser la bayonnette, ils marcheront en avant et en arrière tour à tour, toujours en exécutant les parades en tierce et en quarte sans riposte; pour éviter la confusion, il est ordonné que la ligne avançante doit dégager, et que la ligne reculante doit se borner à former opposition aux dégagemens.

Dans cet exercice, il faut éviter le flottement; des sous-officiers seront placés sur la gauche et la droite, pour maintenir l'alignement.

VOLTER ET A L'ENTOUR PARER.

1. *Garde à vous.* — 2. *A l'entour parez.*

Un temps et cinq mouvemens.

ART. 11. — (*Fig.* 11.) 1°. Croiser la bayonnette.
2°. Saisir la crosse des deux mains derrière la sous-garde.
3°. Au commandement *parez*, avancer et reculer de même trois pas, en faisant un moulinet horizontal à gauche et à droite, à l'effet de chasser les ennemis dont le fantassin peut être entouré pour se faire passage, s'il est besoin.
4°. Reprendre la position de la bayonnette croisée et faire deux appels.
5°. Porter l'arme.

EN AVANT LANCER UN COUP DE BAYONNETTE SUR INFANTERIE.

1. *Garde à vous.* — 2. *Lancez un coup de pointe sur infanterie.*

Un temps et quatre mouvemens.

ART. 12. — (*Fig.* 12 et 13.) 1°. Croiser la bayonnette.
2°. Saisir l'arme de la main droite, derrière le chien; retirer le bras droit en arrière dans toute son étendue, le fusil horizontalement couché entre le premier doigt et le pouce de la main gauche, l'épaule droite effacée autant que possible.
3°. Lancer un coup de pointe en avant sur l'ennemi, abandonner l'arme de la main gauche, et la ressaisir de la main gauche après avoir lancé ce coup, sauter en arrière dans la position de bayonnette croisée, et faire deux appels.
4°. Porter l'arme.

NOTA. Le même coup de pointe doit être lancé sur la cavalerie, avec ce changement, que la bayonnette est dirigée sur le ventre du cavalier. — (*Voir les Fig.* 14, 15, 16, 17.)

COUP DE BAYONNETTE DANS LA MÊLÉE.

1. *Garde à vous.*

2. *Offensive et défensive, crosse en l'air, frappez et pointez.*

Un temps et cinq mouvemens.

ART. 13. — (*Fig.* 18.) 1°. Croiser la bayonnette.
2°. Jeter l'arme horizontalement en l'air, entre le bras et le corps, à la hauteur de la coiffure; porter les deux mains, les ongles en dessus, à la hauteur du front; ressaisir l'arme, savoir : de la main gauche à la deuxième capucine, et de la main droite à la première.
3°. Au commandement *frappez*, porter un coup de crosse sur l'adversaire et revenir à la position.
4°. Au commandement *pointez*, étendre les deux bras perpendiculairement en l'air, se lever sur les pointes des pieds, pointer de haut en bas, sauter en arrière dans la position de la bayonnette croisée, faire deux appels.
5°. Porter l'arme.

CONTRE LA CAVALERIE : TÊTE PAREZ.

1. *Garde à vous.* — 2. *Pour la tête, parez.*

Un temps et six mouvemens.

ART. 14. — (*Fig.* 19.) 1°. Croiser la bayonnette.
2°. Au commandement *pour la tête, parez*, il faut saisir l'arme, savoir : de la main droite, avec les deux

premiers doigts à la sous-garde, et de la main gauche à la grenadière de la seconde capucine, et porter l'arme horizontalement au-dessus et en avant de la tête, à l'effet de se garantir contre les coups de sabre verticaux.

3°. Au commandement *parez*, faire un simulacre en élevant l'arme horizontalement de deux pouces, et revenir à la parade.

4°. Frapper le cheval à la tête, et pointer sur le cavalier.

5°. Sauter en arrière, et faire deux appels du pied.

6°. Porter l'arme.

RÉSISTANCE CONTRE LE CHEVAL.

1. *Garde à vous.* — 2. *Contre la cavalerie, genoux à terre.*

(Fig. 20, position préparatoire).

3. *Parez.* — (Fig. 21, action.) — 4. *Redressez vos rangs.*

Un temps et cinq mouvemens.

La fig. 20 *est la position préparatoire,* (elle est moins fatigante.)

La fig. 21 *représente l'action.*

ART. 15. — 1°. Croiser la bayonnette.

2°. Le genoux droit et le fusil à terre, savoir: la crosse contre la cheville du pied gauche; le fusil et le corps dans une position perpendiculaire, et longeant la jambe gauche; le bras gauche couché sur la cuisse; la main droite derrière le chien, et la main gauche embrassant le canon entre la première et la seconde capucine : rester au temps.

3°. Au commandement *parez*, le fantassin relève le fusil, fait feu à bout portant, enfonce la crosse d'un coup sec, dans la terre, devant le genoux droit, comme un pieu; le genou gauche derrière le canon, la main droite derrière la sous-garde, et la main gauche à la deuxième capucine, la bayonnette dirigée sur la poitrine du cheval, faisant un simulacre de parer, en la dirigeant à gauche et à droite.

4°. Au commandement *redressez-vous*, se relever la bayonnette croisée.

5°. Recharger et porter l'arme.

APPLICATION.

ART. 16. — Un peloton de manœuvres de seize hommes, comptés de la droite vers la gauche, doit maintenant s'exercer avec des fusils en bois; à ces fins on fera avancer les nombres pairs pour en former un second rang, et l'on commandera :

1°. *Garde à vous, nombre pair quatre pas en avant marche.*

Arrivé à cette distance on commandera demi-tour à gauche.

On recommandera aux hommes de conserver leur intervalle et leur alignement après les avoir placés les uns en face des autres.

2°. Garde à vous, pour le combat individuel croisez la bayonnette.

A ce commandement abattre le fusil dans la main gauche, la crosse appuyée sur la hanche le canon allongeant la cuisse, le pied gauche porté en avant à un pied de distance la bayonnette touchant presque à terre, rester au temps *Fig.* 22.

En garde, à ce commandement le fantassin portera le pied gauche à deux pieds plus loin, rester au temps *Fig.* 23.

ART. 17. — (*Fig.* 24 et 37). La première représente le fantassin avec une pomme au bout de la bayonnette, les rangs pairs et impairs après avoir fait un quart à gauche ou à droite, ils représenteront alternativement cette pomme à leur adversaire, ils la tiendront tantôt à la hauteur de la poitrine d'un fantassin, et ensuite à la hauteur de la ceinture d'un cavalier, afin qu'ils apprennent à lancer avec justesse et précision les coups de bayonnette indiqués par les figures 12, 13, 14, 15, 16 et 17.

ART. 18. — (*Fig.* 25, 26, 27, 28, 29, 30, 31, 32, 33, 34), représentent les parades de tierce et de quarte en combat simulé. Les lignes pourront reculer et avancer individuellement. Le fantassin pour échapper aux ripostes, pourra chasser en arrière et revenir en ligne au combat.

(*Fig.* 35 et 36), représentent la parade des deux bayonnettes. Pour être vainqueur dans un pareil combat, il faut marcher en cercle et se tenir en distance pour frapper d'abord un adversaire, avant de terrasser l'autre.

CONTRE LANCIER ABATTRE LE COUP DE LANCE.

1. *Garde à vous.*

2. *Offensive et défensive. — Contre lancier, parez et ripostez.*

Un temps et quatre mouvemens.

ART. 19. — (*Fig.* 38, 39, 40.) 1°. Croisez la bayonnette.

2°. Au commandement *contre lancier*, portez l'arme perpendiculairement en avant du corps; les deux bras tendus, attendez de pied ferme le lancier.

3°. Au commandement *parez et ripostez*, faites le simulacre de pousser ou d'abattre la lance en avant, frappez la tête du cheval avec le canon, et lancez un coup de pointe à hauteur de la ceinture du lancier; sautez en arrière la bayonnette croisée, faites deux appels.

4°. Portez l'arme.

CONTRE LANCIER, RELEVER LE COUP DE LANCE.

1. *Garde à vous.* — 2. *Relevez la lance.*

Un temps et cinq mouvemens.

ART. 20.—(*Fig.* 41 et 42.) 1°. Croisez la bayonnette.

2°. Couvrez-vous la face avec le fusil, la main droite

près de l'oreille droite, la pointe de la bayonnette inclinée vers la terre; attendez le lancier dans cette position.

3°. Lorsqu'il veut pointer, saisissez sa lance en dessous, et jetez-la en l'air; frappez le cheval à la tête, et lancez un coup de pointe sur le lancier.

4°. Sautez en arrière la bayonnette croisée, et faites deux appels du pied.

5°. Portez l'arme.

OBSERVATIONS.

Contre la parade du lancier proprement dite, le coup de bois.

La lance, susceptible d'être détournée par une arme plus courte, n'est nullement dangereuse pour le fantassin, c'est la question du fort au faible: pour dompter la frayeur que cette arme inspire à l'homme, il faut la lui rendre familière.

Cependant le coup de bois, quoiqu'il ne cause aucune blessure mortelle, produit de fortes contusions, et met presque toujours le fantassin hors de combat.

Il faut donc le prévenir contre ce danger par des exercices réitérés.

La lance est la reine des armes, a dit Montécuculi. C'est à l'ignorance du fantassin dans le maniement de l'arme blanche, que l'on doit attribuer cette exclamation, qui n'est pas sans fondement.

Le judicieux Guibert observe que: *le soldat ne voit que par les yeux du corps;* se trouve-t-il attaqué par une arme plus longue que la sienne, il se croit perdu.

Souvarow, qui s'exprimait en adage, disait au cavalier: « Si l'épée de ton adversaire est plus longue « que la tienne, avance un pas. »

CONTRE LANCIER, PARADE DE COUP DE REVERS.

1. *Garde à vous.* — 2. *Offensive et défensive contre le coup de bois du lancier, parez et ripostez.*

Un temps et quatre mouvemens.

ART. 21. — (*Fig.* 43 *et* 44.) 1°. Croiser la bayonnette.

2°. Saisir l'arme de la main gauche, les ongles en l'air à la brassadelle; allonger les bras dans toute leur étendue en avant, à gauche et à droite; faire le simulacre de garantir le corps, en opposant le canon aux coups du lancier.

3°. Au commandement *parez et ripostez*, ramener la main gauche à la première capucine, en frappant la tête du cheval; pointer le cavalier à hauteur de la ceinture; chasser en arrière dans la position de la bayonnette croisée, et faire deux appels.

4° Porter l'arme.

(*La figure 45 représente le fantassin dans la parade du sabre du cavalier.*)

(*Les figures 46, 47, 48, représentent le combat contre un cavalier démonté.*)

DISPOSITION D'ATTAQUE D'UNE LIGNE D'INFANTERIE.

ART. 22. — (*Fig.* 49.) 1°. Le régiment étant dans l'ordre ordinaire de bataille, on commandera: *premier rang de chaque compagnie de la droite vers la gauche, comptez-vous par trois.*

2°. Le régiment exécutera le feu de bataillon en avançant.

3°. Après la formation de la ligne et l'exécution du dernier feu à trente pas de l'ennemi, les tambours battront la charge, et tous les nombres pairs du premier rang, porteront leurs fusils horizontalement au front, à hauteur de l'estomac, la bayonnette à gauche, le crosse à droite, et au-dessus des canons des files latérales dont la bayonnette est croisée.

4°. En abordant l'ennemi, les nombres impairs lanceront des coups de bayonnette conformément à la *fig.* 12 et suivante; rapprochés de plus près, les nombres pairs relèveront vivement les bayonnettes dont ils sont menacés, tandis que les nombres impairs feront de nouveau leurs devoirs de pointer et de pénétrer dans les rangs.

S'il arrive qu'en marchant à l'ennemi quelques files du premier rang soient mises hors de combat, aussitôt elles seront remplacées par les serre-files.

Si les fantassins pénétrés dans les rangs sont empêchés de faire usage de leurs bayonnettes, dans l'attitude de croiser, ils prendront la position indiquée à la *Fig.* 18.

OBSERVATIONS

SUR LA COLONNE D'ATTAQUE ET DE RÉSISTANCE

CONTRE LA CAVALERIE.

Dans plusieurs circonstances, l'infanterie est forcée de prendre une disposition contre la cavalerie:

1°. Elle peut être en marche en colonne, avec la crainte d'être harcelée sur ses flancs, ou même inopinément être attaquée par de la cavalerie.

2°. Elle peut être formée en colonne d'attaque, disposée en bataille pour attaquer l'ennemi, et menacée par de la cavalerie.

3°: Elle peut être en bataille dans l'ordre déployé, et forcée de prendre rapidement une disposition solide, pour soutenir la charge d'une nombreuse cavalerie.

Les manœuvres ci-jointes s'appliquent à tous les cas où l'infanterie peut se trouver engagée avec la cavalerie.

COLONNE D'ATTAQUE ET DE RÉSISTANCE CONTRE LA CAVALERIE.

ART. 23. — (*Fig.* 50.) Le bataillon formé de huit pelotons dans l'ordre ordinaire de bataille, ayant à repousser une attaque de lanciers, le commandant fera les commandemens indiqués par l'ordonnance pour les feux de bataillon, en les faisant précéder de celui de

Dispositions contre les { Lanciers. Hussards. Cuirassiers.

1°. *Garde à vous!*
2°. Bataillon, *armez.*

A ce dernier commandement, les chefs de peloton changeront de place avec leurs sous-officiers de remplacement, afin que le premier rang soit entièrement hérissé de bayonnettes. La cavalerie étant arrivée à cinquante ou soixante pas de distance, le chef de bataillon commandera :

Premier rang *: joue! feu!* et aussitôt après l'exécution de ce feu, ce même rang, sans relever les chiens des fusils, posera fortement la crosse du fusil dans la terre, contre le genou droit, en donnant pour point d'appui au canon le genou gauche, et en dirigeant de la main gauche la bayonnette à hauteur du poitrail des chevaux, et en portant tout le poids du corps en avant (*fig.* 21, 1er *rang*). Aussitôt après, le chef de bataillon fera exécuter le feu au second rang; après quoi, les hommes de ce rang porteront vivement et immédiatement la pointe de la bayonnette en avant et au-dessus de la tête de leurs chefs de file, en élevant la poignée à hauteur de l'œil, à l'effet de protéger le premier rang contre les lances de la cavalerie assaillante, et porter des coups de bayonnette oblique sur la tête du cheval ou du cavalier. Enfin le troisième rang, qui est dans la position d'apprêter arme, pourra fournir son feu, s'il est nécessaire, (*voir* l'ensemble du bataillon).

OBSERVATIONS.

Il est essentiel pour l'application de la disposition précitée, que les soldats se pénètrent bien de ce qu'ils ont à faire dans les rangs respectifs où ils se trouvent placés. Ceux du premier rang ne devront considérer que la force de résistance qu'ils devront opposer à l'ennemi; le second rang, après avoir exécuté son feu, s'appliquera, par la position qui lui est donnée, à devenir l'égide du premier rang contre les armes des assaillans, et enfin, le troisième rang sera à même d'achever, par son feu, la défaite de l'ennemi.

Si le cas se présente où l'infanterie se trouve en plaine et privée de toute protection, abandonnée à ses propres forces, elle peut encore résister contre la cavalerie, en se formant sur six rangs, trois contre trois, dos à dos, *fig.* 51 *et* 52.

DISPOSITIONS CONTRE LES CUIRASSIERS.

ART. 24. L'attaque d'une troupe de grosse cavalerie exigeant, par la force de son impulsion qui résulte du poids des chevaux, et des hommes et de l'armure de ces derniers, une résistance plus forte que celle de la cavalerie légère, nous proposons de former le bataillon sur six rangs, en ployant par demi-bataillon; à cet effet, aussitôt que le commandement applicable à cette disposition sera fait, les serre-files du demi-bataillon, sur lequel on ploiera, se porteront en arrière pour donner à l'autre demi-bataillon l'espace nécessaire. Dans cette position, les deux premiers rangs se placeront le genou en terre au commandement de *bataillon, armes,* et prendront, après le feu, la position indiquée contre la cavalerie légère; quant aux troisième et quatrième rangs, ils exécuteront les feux de rang selon l'exigence du cas; le cinquième rang pourra changer ses fusils avec le sixième qui ne fera que charger.

Lors du dédoublement du bataillon, les serre-files qui s'étaient portés en arrière, reprendront leur place aussitôt qu'ils seront démasqués par le demi-bataillon déployant.

OBSERVATIONS.

Il peut arriver qu'une colonne d'infanterie soit dispersée par la cavalerie; dans ce cas, chaque officier tiendra son épée en l'air et commandera : Peloton ! autour de moi formez le cercle. Dans tous les cas, MM. les Officiers supérieurs mettront pied à terre pour rentrer dans les carrés.

On s'apercevra que nous n'avons eu pour but que de faire connaître et appliquer des principes qui devront infailliblement ramener l'arme de l'infanterie à la force et à la consistance qui résultent de sa nature. A cet effet, nous la plaçons dans une position où, appuyée de cette valeur que l'infanterie française a toujours déployée, il sera impossible à la meilleure cavalerie du monde de l'entamer, et nous en formons une masse homogène et compacte, dont chaque individu présente en quelque sorte une palissade, et dont la réunion équivaut à un rempart hérissé de chevaux de frise, devant lequel tous les efforts de la cavalerie viendraient échouer.

On s'aperçoit également que le système de ma colonne d'attaque et de résistance s'adapte au caractère audacieux et entreprenant de l'armée française, type originel qui la distingue de toutes les armées de la terre.

Que l'histoire l'accuse de ne savoir pas battre en retraite, elle ne l'a jamais su, et ce n'est pas sans une connaissance profonde des mœurs nationales que l'assemblée législative décréta la victoire en ces mots : *l'Armée de Sambre et Meuse passera les lignes de Wissembourg.*

MOYEN

DE METTRE LE FANTASSIN EN CROUPE

DERRIÈRE UN CAVALIER;

PAR ALEX. MULLER.

(*Fig.* 53). VÉGÈCE rapporte que l'infanterie romaine sautait en croupe derrière la cavalerie; mais l'historien ne s'explique pas sur les moyens employés pour exécuter ce genre de voltige. Végèce n'était pas militaire; il l'ignorait peut-être, et s'il le savait, il a mis trop peu d'importance à cet objet.

Quoi qu'il en soit, le mot *saltare* ou sauter et le silence de l'historien ont occasionné des débats et des recherches parmi les tacticiens modernes; plusieurs propositions ont été faites en France; comme ailleurs, elles ont été rejetées, et l'on a fini par dire : la chose est impossible. Le savant général Marbot rapporte que le dernier essai de ce genre fut fait au camp de Boulogne, et que l'auteur (officier-général), fut tourné en ridicule pour avoir ajouté à la selle un troisième étrier, sur lequel le fantassin devait poser le pied pour s'élancer à cheval, moyennant le secours du cavalier. Nul doute que l'assertion de Végèce est exacte, et pour s'en convaincre, il n'est besoin que de jeter un coup d'œil sur l'accoutrement de la cavalerie romaine.

Si la cavalerie romaine avait eu des étriers pour monter à cheval comme les modernes, on serait autorisé à croire que le mot *sauter* aurait été mal écrit ou défiguré; mais il fallait bien, pour transporter l'infanterie à cheval, qu'elle y sautât comme le cavalier.

Il est donc certain que l'infanterie romaine sautait à cheval, et notre infanterie en ferait autant si nos chevaux étaient harnachés suivant l'usage romain, et si notre infanterie portait aussi librement son bagage que le soldat de César ou de Pompée.

Sans rien préjuger sur la question, je crois que le fantassin romain sautait d'abord à cheval, en se plaçant sur la croupe, en inclinant la tête, et que le cavalier sautait ensuite en passant la jambe par dessus la tête du fantassin, comme cela se pratique encore aujourd'hui dans les cirques.

Quant à notre infanterie, il serait impossible de la faire sauter à cheval; nos selles sont trop hautes, et l'attirail du cavalier trop embarrassant; il faudrait donc trouver un moyen simple et facile de poser le fantassin sur la croupe, non pour combattre, mais pour y rester seulement pendant le trajet déterminé par la manœuvre. Qu'il me soit donc permis de soumettre mon projet, et de dire comme Montaigne :

« Je donne ces idées comme miennes et non « comme bonnes. »

L'ordre étant donné de mettre l'infanterie en croupe, les fantassins destinés à monter, se placeront sur un seul rang devant le bataillon, le fusil en bandoulière, et la cavalerie destinée à ce transport, se placera devant le front de bataille de l'infanterie, sur un rang, et à dix pas de distance; elle ouvrira les files comme pour mettre pied à terre; au commandement *à cheval*, au roulement, au coup de cornet, ou à tout autre signal donné, chaque fantassin se portera en avant, en se plaçant derrière sa monture; chacun sera suivi de deux hommes du bataillon, savoir : les serre-files des premier et second rangs, arrivés à la croupe du cheval, ils se placeront latéralement auprès du fantassin destiné à monter, savoir : celui du premier rang du bataillon, à droite, celui du second rang, à gauche, qui couchera son fusil à terre; la file de droite présentera aussitôt à la file de gauche la bayonnette, qu'elle saisira de la main gauche et le canon de la main droite à la première capucine, les ongles en dessous; les deux files baisseront le fusil à dix-huit pouces de terre, le fantassin montera sur le canon du fusil du pied gauche, il saisira la croupière de la main gauche, il posera ensuite le pied droit, se tenant dans une position perpendiculaire; les deux hommes se redresseront, et moyennant leur secours, le fantassin enfourchera la croupe en saisissant des deux mains la ceinture du sabre du cavalier. (*Voyez fig.* 53.)

OBSERVATIONS.

Pour habituer les chevaux à ce transport, il est nécessaire que la cavalerie légère les exerce tous les jours dans les écuries ou après le pansage, en faisant pratiquer cette méthode par des cavaliers, et en employant, au lieu de fusils, des fourches ou des manches de bois.

Il serait bien plus avantageux de faire transporter des fantassins par la cavalerie que de les faire combattre à pied comme les dragons; le moyen que je propose serait le complément de l'éducation des troupes légères.

ERRATA. Page 2, lisez au lieu de : la *Marque*, au siège de la MECQUE.

Imprimerie de BELLEMAIN, rue St-Denis, N° 268.

www.ingramcontent.com/pod-product-compliance
Lightning Source LLC
LaVergne TN
LVHW052036160826
845678LV00003B/1386

* 9 7 8 2 3 2 9 6 3 7 0 3 7 *